いたわりごはん 2

今夜も食べたい
おつかれさま
レシピ帖

長谷川あかり

はじめに

私は1日のうちで夜ごはんの時間が一番好きです。
仕事を終わらせたらいったんスイッチを切って、のんびりと温かい食事をいただく。たまにお酒も飲んだりして、心も体も満たされる。とっても贅沢な時間です。

でもSNSを通していつも思うのは、夜ごはんのことで悩んでいる方の多いこと……！

じつは私も、数年前まで夜ごはん作りが苦痛で仕方がなかったので、その気持ちはすごくよくわかります。1日頑張ったあとに「さあ何か作ろう！」と思っても、疲れていて何を作ったらいいのかがわからない。1日のうちで一番好きな夜ごはんの時間だからこそ大切にしなくてはと、理想ばかりがどんどん高くなって、気がつくと楽しみだったはずの夜ごはんがしんどくなっていました。

『いたわりごはん』の第2弾となるこの本では、「夜ごはん」をテーマに、悩んでいた自分自身を救ってくれた料理を厳選して収録しました。

デイリーに活用できる一汁一菜から、軽やかな麺類、夜遅くても安心していただける滋味深い一品、ジャンクな気分を満たしつつ翌日後悔しない"やさしいジャンク飯"、休日にのんびり作りたいレシピまで。

簡単だけれど手抜き感のないバランスは前作のままに、材料や工程はさらにシンプルに削ぎ落として、疲れていても「これなら作れる、作りたい！」「こういうのを待ってた！」と思ってもらえるような楽しいレシピに仕上げました。

夜ごはん作りがつらくなってしまったら、この本を開いてみて。
これさえあれば、もう大丈夫です。

味、色、香り……
料理は「組み合わせ」を
考えるのが楽しい

\ main |

\ gohan |

料理も献立も、味、色、香り、食感など
さまざまな組み合わせで成り立っています。
主菜の梅の風味×汁物の大葉の風味。
ピーマンのグリーン×アミエビのピンク。
煮たナスのくたくた食感×チンゲン菜のシャキシャキ食感。
お互いを引き立て合ったり、アクセントになったり。

salad

noodles

junk

soup

この感覚は、洋服のコーディネートによく似ています。
おいしくお腹を満たすだけではなく、
素敵な色や味、香り、食感の組み合わせに、
心まで満たされる夜ごはんがあれば、
今日もよい日だったなと、
いい気持ちで１日を締めくくれるはず。

もくじ

1 うちの気楽な 一汁一菜

副菜にもなる
野菜たっぷり炊き込みごはん

2 ひと皿完結 軽やかな夜の麺

デザイン…岩渕恵子 (iwabuchidesign)
写真…上山知代子
スタイリング…来住昌美
校正…麦秋アートセンター
編集…藤岡 操
馬庭あい (KADOKAWA)

料理の前に知っておいてほしいこと

シンプルな料理ほど、使う調味料やだしによって味が変わります。
この本で使用する調味料の中でも、特に味を左右するものを紹介しておきます。
ぜひ最初にチェックしておいてください。

1 基本のだし汁

だし汁は基本的に「昆布とカツオの合わせだし」です。市販の「塩分無添加だしパック」で取っただし汁でももちろんOKです。

「昆布とカツオの合わせだし」

① 鍋に水500mlと昆布5gを入れて、弱火にかけて10分ほど煮出し、昆布を取り出す。
② カツオ節5gを加えて2〜3分置き、ザルでこす。

① ②

2 料理酒は「加塩」タイプを使用

この本では、日本酒ではなく、「加塩」タイプの料理酒を使用しています。それは、料理酒の雑味を生かし、味に奥行きをもたらすためです。料理酒は商品によって塩分量が異なるので、味見をして塩で味を調えてください。

3 みりんは「本みりん」を使用

みりんにはアルコール度数が高い「本みりん」とアルコールをほとんど含まない「みりん風調味料」があります。この本では、アルコールによる臭み消しや食材をやわらかくする効果を取り入れるため、本みりんを使っています。

4　ショウガ、ニンニクは生がおすすめ

私の料理では、ショウガやニンニクをすりおろしたり、刻んだりしてたくさん使います。チューブのものでもいいのですが、ぜひ生のものを使って香りのよさを感じてください。ショウガ1片の量は約15gが目安です。

5　完成の前に、ぜひ味見を

レシピ通りに作っても、使う調味料、火加減の違いによる水分蒸発量の違いなどによって、塩気や甘味などが異なってきます。料理が完成する前に味見をして、足りなければ塩などで味を調えて、好みの味になるよう、調整してみてください。

その他の材料、分量について

□ 塩は「しっとりとした塩」と「サラサラの塩」では重量が異なります。「しっとり」タイプは小さじ1＝5g、「サラサラ」タイプは小さじ1＝6g。この本では「サラサラ」タイプを使用しているので、「しっとり」タイプを使う場合は味見をして調整をしてください。

□ 「植物油」と記載している場合は、油の風味をあまり加えたくないので、米油や太白ごま油などを使用。ごま油、オリーブオイルと記載しているものは、オイルの風味を生かしたい料理です。

□ オリーブオイルは「エクストラバージンオイル」を使用。

□ しょうゆは濃口を使用。薄口と記載があるものは薄口しょうゆがおすすめです。

□ 大さじ1は15ml、小さじ1は5ml。

□ 塩ひとつまみは、親指、人差し指、中指でつまんだ量。

1

うちの気楽な一汁一菜

主菜と汁物の献立は、わが家の基本。
「これで十分」という潔さと、
２品の組み合わせを
考える楽しさの虜になっています。
単品でもおいしいけれど、
組み合わせるともっと美味！
そんなわが家の一汁一菜を紹介します。

がっつり気分にも
さっぱり気分にも応える
心強い万能献立。

甘辛トマ牛

トマトの酸味と大葉の香りで、さっぱり軽やか。
老若男女問わず愛される、自慢のひと皿です。

材料 (2人分)

牛こま切れ肉 ……………… 180 g
トマト …………………… 大１個
オリーブオイル ………… 小さじ１
塩 ……………………… ひとつまみ
A ┌ みりん ……………… 大さじ２
　├ しょうゆ …………… 大さじ１
　└ 塩 ………………… 小さじ⅓
大葉 …………………… 10〜20枚
炒りごま ……………… たっぷり

作り方

① トマトは８等分に切る。Aは混ぜ合わせておく。
② フライパンにオリーブオイルを入れて中火にかけたら、トマト、塩を加えてあまりさわらずに両面焼く。汁気が出てきたら、Aを一気に加えて強めの中火で煮立たせ、牛肉を加える。菜箸で肉を広げながら、牛肉に煮汁を吸わせる。
③ 肉の色が変わったらすぐに火を止め、大葉をちぎり入れ、炒りごまを加えてサッと混ぜる。

キュウリと油揚げ、しらすの味噌汁

しらすから出る旨味がだし代わり。
冷たくすれば、冷や汁風にもなります。

材料 (2人分)

キュウリ ………………… １本
油揚げ …………………… ½枚
水 …………………… 300㎖
しらす …………………… 40 g
味噌 …………… 大さじ１と⅓

作り方

① キュウリはピーラーで皮をむき、斜め薄切りにする。油揚げは横半分に切って短冊切りにする。
② 小鍋に水としらすを入れて中火にかける。煮立ったらキュウリと油揚げを加える。弱火にして蓋をして２分煮る。火を止めて味噌を溶き入れる。

慌てて帰ってきた夜。
あっという間に作れる一汁一菜がうれしい。

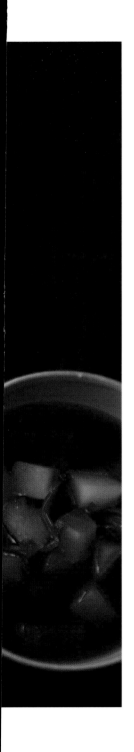

豚しゃぶの梅バターあえ

さっぱりだけどパンチがあって大好きな「梅バター」の味つけ。
レタスがモリモリ食べられます。

材料（2人分）

豚ロースしゃぶしゃぶ用肉
……………………………180g
レタス ………………… ½個
梅干し（甘くないもの、塩分10％）
……………… 2個（正味20g）

A
- バター ……………… 6g
- 砂糖 ………… 小さじ½
- 塩 ……………… 小さじ½
- おろしニンニク
  …………… 小さじ½

パセリ（みじん切り）……… 適量

作り方

① 梅干しは種を除いて包丁で叩き、A
と一緒にボウルに入れる。 レタスは
手で大きめにちぎる。

② 鍋やフライパンに湯を沸かし、豚肉
を加えてゆでる。肉の色が変わる直
前でレタスを加えてサッとゆでたら、
ザルに上げて粗熱をとり、キッチン
ペーパーで全体をおさえ、しっかり
水気をきる。

③ ①のボウルに②を加えてあえる。味
見をして塩（分量外）で味を調え、パ
セリを散らす。

大根とジャガイモと塩昆布のスープ

塩昆布の塩気と旨味だけで十分おいしくなるシンプルスープ。
オリーブオイルを使って、ちょっと洋の雰囲気に。

材料（2人分）

ジャガイモ …………… 60g
大根 …………………… 60g

A
- 水 ……………… 300ml
- 塩昆布 ………… 10g
- オリーブオイル … 小さじ1
- おろしニンニク … 小さじ¼
- 塩 ……………… 少々

黒コショウ …………… 適量

作り方

① 大根、ジャガイモは皮をむいて1cm
角に切る。

② 小鍋に①、Aを加えて中火にかける。
煮立ったら蓋をして、弱火で8分煮
る。味見をして、塩（分量外）で味を
調える。

③ 器に盛り、黒コショウをふる。

簡単なのに手が込んだ
雰囲気になるつくね献立。
充実感で満たされます。

オクラ入りゆでつくね

オクラの粘り効果で、鶏むね肉とは思えないほどしっとり、つるん！
冬はゆでたてアツアツ、夏は冷やして爽やかに。一年中楽しめます。

材料（2人分）

鶏むねひき肉 ………… 150g
オクラ ………… 1袋（100g）
ショウガ ………… 1片
A ┌ 料理酒 ………… 大さじ1
　├ 片栗粉 ………… 大さじ1
　└ 塩 ………… 小さじ1/3
ミョウガ ………… 適量
ポン酢しょうゆ（または塩）… 適量

作り方

① オクラは厚さ5mmの小口切りにする。ショウガはみじん切りにする。ミョウガは小口切りにする。

② ポリ袋に鶏ひき肉、ショウガ、Aを入れて、よくもんで混ぜ合わせる。肉にツヤが出るまでしっかりと混ぜ合わせたら、オクラを加え、均一になるまでサッともんで混ぜる。

③ フライパンに水を入れて中火にかけて、沸騰したら弱めの中火にする。②をスプーンで丸めて入れ、約5分ゆでる。つくねが浮いたら水気をきって器に盛り、ミョウガをのせる。ポン酢しょうゆ（または塩）をつけながら食べる。

ブロッコリーのおかか味噌汁

カツオ節はそのまま加え、だし＆具として活用。
ブロッコリーにとろろ昆布がからんだところが美味！

材料（2人分）

ブロッコリー ………… 1/2個
カツオ節 ………… 2g
水 ………… 300㎖
味噌 ………… 大さじ1と1/2
とろろ昆布 ………… 適量

作り方

① ブロッコリーは小房に分ける。

② 小鍋に水を入れて中火にかける。沸騰したらカツオ節と①を加えて火を弱め、蓋をして3分煮る。火を止めて味噌を溶き入れる。

③ 器に盛り、とろろ昆布をのせる。

とろとろナスとコロコロ豚肉の煮物

スタミナをつけたいときは、食べ応えのあるお肉をしっかりいただきます。
ブロック肉ではなく、とんかつ用の肉で気楽に作るのがいいんです。

材料(2人分)

豚ロースとんかつ用肉
………………… 2枚(200g)
塩 …………… ひとつまみ
片栗粉 ………… 小さじ2
ナス …… 大2本(正味200g)
ニンニク ……………… 1片
ごま油 ………… 大さじ1

A
水 …………… 150㎖
料理酒 ………… 50㎖
片栗粉 ……… 小さじ1
塩 ……… 小さじ1/3

黒コショウ …………… 適量

作り方

① 豚肉は1〜1.5㎝角に切り、塩をふってなじませたら、片栗粉を全体にまぶす。ナスはヘタを落としてピーラーで皮をむき、厚さ8㎜の半月切りにする。ニンニクはみじん切りにする。

② フライパンにごま油とニンニクを入れて弱火にかけ、香りが出るまで炒める。豚肉を加えて中火にし、色が変わるまで軽く炒める。

③ ナスとAを加え、混ぜながら強火でひと煮立ちさせたら、蓋をして弱めの中火で5分煮込む。蓋を開けて全体をしっかりと混ぜながら軽く水気を飛ばし、とろみがついたら味見をして、塩(分量外)で味を調える。

④ 器に盛り、黒コショウをふる。

水菜と大葉のからし味噌汁

大葉とからしの香りでスッキリ。
からしを溶きながら食べると、パンチが利いた辛味を楽しめます。

材料(2人分)

水菜 ……………… 1/2袋
大葉 ……………… 5枚
だし汁 …………… 300㎖
味噌 ……… 大さじ1と1/2
練りからし ……… 小さじ1/2

作り方

① 水菜は長さ4㎝に切る。大葉は細切りにする。

② 小鍋にだし汁を入れ中火にかける。煮立ったら①を加えて火を弱め、蓋をして2分煮る。火を止めて、味噌とからしを溶き入れる。

③ 器に盛り、好みで追いからし(分量外)を添える。

やさしいけれど
しっかりお肉を食べられる
満足献立。

家ごはんだから、中華もさっぱり軽やかに。

塩レモン青椒肉絲

食欲をそそる鮮やかなグリーン。
油控えめでさっぱりと仕上げられるのは、おうち中華ならではです。

材料（2人分）

豚ロースショウガ焼き用肉
……………………… 160 g
塩 …………… ひとつまみ
片栗粉 …………… 小さじ 2
ピーマン …………… 6 個
植物油（太白ごま油や米油）
……………………… 小さじ 2
A ┌ 料理酒 ……… 大さじ 2
　└ 塩 ………… 小さじ 1/3
黒コショウ、レモン … 各適量

作り方

① ピーマンは縦方向の細切りにする。豚肉は細切りにして、塩をふってなじませ、片栗粉を全体にまぶす。

② フライパンに油を入れて中火にかけ、豚肉をほぐしながら炒める。肉がしっかりと焼けたら、ピーマン、Aを加え、蓋をして中火で 1 分蒸す。サッと混ぜて水気を飛ばしたら火を止めて味見をして、塩（分量外）で味を調える。

③ 器に盛り、黒コショウをふり、くし形に切ったレモンを添える。

アミエビとキャベツの塩スープ

仕上げの酢で味が引き締まるので、入れる前と後で
味見をしてみてください。きっと、料理って面白い……！と思うはず。

材料（2人分）

キャベツ …………… 100 g
干しアミエビ ………… 5 g
ニンニク …………… 1 片
ごま油 ……… 小さじ 1 と 1/2
A ┌ 水 ………… 300mℓ
　│ 料理酒 ……… 大さじ 1
　└ 塩 ………… 小さじ 1/2
炒りごま ………… 小さじ 1
酢 …………… 小さじ 1/2

作り方

① キャベツは細切りにする。ニンニクはみじん切りにする。

② 小鍋にニンニク、アミエビ、ごま油を入れて弱火にかける。ニンニクの香りが立ってきたら、Aを加え、中火で煮立たせる。キャベツを加えて火を弱め、蓋をして 2 分煮る。

③ 炒りごま、酢を加え、味見をして塩（分量外）で味を調える。

特にクタクタな夜には
この献立を。
旨味、酸味、甘味、辛味……
奥深い味わいに大満足。

長芋とトマトのだし煮込み

煮込んだ長芋がホクホク、とろり。
トマトのやわらかい旨味と酸味に癒やされます。

材料（2人分）

鶏モモ肉 ……………… 200g
長芋 …………………… 150g
トマト ………………… 大1個
A ┌ だし汁 …………… 200ml
　│ （だしパックと水200mlでもOK）
　│ みりん ………… 大さじ2
　│ しょうゆ ……… 大さじ1と1/2
　└ 塩 ……………… 小さじ1/4
B ┌ 片栗粉 ………… 大さじ1
　└ 水 …………… 大さじ2
ごま油 ……………… 小さじ1/2

作り方

① 長芋は丸めたアルミホイルでこすって汚れやヒゲ根を取り除き、小さめのひと口大に切る。鶏肉は長芋と同サイズに切る。トマトはざく切りにする。

② フライパンに①、Aを入れ、中火にかける。沸騰したら蓋をして弱めの中火で5分煮る。ヘラなどでトマトを軽く潰し、蓋をしてさらに5分煮る。（だしパックを使った場合はトマトを潰す前に取り出す）

③ 火を止めてBの水溶き片栗粉を加えて混ぜ、再び中火にかける。しっかり煮立たせたら味見をして、塩（分量外）で味を調え、ごま油を回しかける。

カボチャと長ネギのピリ辛豆板醬味噌汁

豆板醬の辛味とかぼちゃの甘味が相性抜群。
ぴりりとくる後味が、献立全体をキリッと引き締めてくれます。

材料（2人分）

カボチャ ……………… 150g
長ネギ（白い部分） ……… 1本分
ごま油 ………………… 小さじ1
料理酒 ………………… 大さじ2
水 ……………………… 大さじ2
A ┌ 水 ……………… 300ml
　│ みりん ………… 大さじ2
　│ 味噌 ………… 大さじ1と1/2
　│ 豆板醬 …… 小さじ1/8〜1/4
　└ おろしニンニク … 小さじ1/4

作り方

① カボチャは皮の硬めのところをむいて大きめのひと口大に切る。長ネギは斜め薄切りにする。

② 小鍋にごま油を中火で熱し、長ネギを炒める。長ネギがしんなりとして、焼き色がついたら、カボチャ、料理酒、水を加え、蓋をして弱めの中火で8分蒸す。

③ 水気が残っていたら蓋を外して水気を飛ばし、お玉などでカボチャを軽く潰す。Aを加え、煮立つ直前で蓋をして弱火で5分煮る。

塩コショウだけ唐揚げ

ニンニクもショウガも鶏ガラだしも、何も入れない究極のシンプルさ。
塩コショウをちょんとつけて、揚げたてのザクザク食感を堪能。これが最高！

材料（作りやすい分量）
鶏モモ肉 ………… 300g

A
- 塩 …… 4g（肉の約1.3%）
- 黒コショウ
  …… 小さじ⅛
- 水 ……… 大さじ2

小麦粉 …… 大さじ1と½
片栗粉 ……… 大さじ6〜
植物油 ………… 適量
塩、黒コショウ
（混ぜ合わせる）…… 各適量

作り方
① 鶏肉は大きめのひと口大に切り、ポリ袋に入れる。
② Aを加えてしっかりともみ込んだら、小麦粉を加えてさらにもみ込む。片栗粉を加え、袋をシャカシャカと振り、鶏肉全体にまぶす。袋の上から鶏肉を握って片栗粉をしっかりと密着させる。※べちゃっとしてきたら、片栗粉を追加してください。
③ フライパンの底から5mmまで油を注ぎ、②の鶏肉を並べ入れ、弱めの中火にかける。そのまま4分、裏返して4分、最後は強火にして片面につき30秒ずつカリッと揚げ焼きにする。キッチンペーパーや網に上げて油をきる。
④ 器に盛り、塩、黒コショウを添える。

千切り野菜とベーコンのレモンスープ

唐揚げには、やっぱりレモンの爽やかさが似合います。
千切り野菜にからむやさしいだし、ほっとする味です。

材料（2人分）
ニンジン …… 中⅓本（50g）
セロリの茎 …… ½本（50g）
ベーコン ………… ½枚

A
- だし汁 ……… 300㎖
- レモン汁 …… 小さじ1
- みりん …… 小さじ1
- 塩 ……… 小さじ½

粉チーズ ………… 適量

作り方
① ニンジンとセロリは長さ4〜5cmの千切りにする。ベーコンは細切りにする。
② 小鍋にA、ベーコンを入れて中火にかける。煮立ったらニンジン、セロリを加え、蓋をして2分煮る。
③ 器に盛り、粉チーズをふる。

揚げ物とは思えない手軽さ、そして驚きのおいしさ！
私にとって唐揚げは忙しい夜の救世主です。

せかせかせずに
ゆったり楽しみたい、
魚が主役の大人な献立。

タラの湯煮、パセリクリームチーズ

トーストと一緒に食べると、"大人なフィッシュバーガー"気分。
不思議で楽しいメニューです。

材料(2人分)

甘塩タラ切り身 ………… 2切れ

A ┌ クリームチーズ ……… 30g
  │ マヨネーズ ……… 大さじ1
  │ 塩 ……… 小さじ¼
  └ ドライパセリ ……… 適量

キュウリ ………………… 1本

塩 ……………… 小さじ¼

B ┌ オリーブオイル … 小さじ1
  │ 酢 ……………… 小さじ1
  └ 塩、コショウ …… 各少々

オリーブオイル ………… 適量

トースト(好みで) ………… 適量

作り方

① Aをよく混ぜ合わせる。

② キュウリはスライサーで薄切りにし、塩をふって5分ほど置く。しっかりと水気を絞り、Bを合わせてあえる。

③ フライパンに湯を沸かし、料理酒少々(分量外)を加える。タラを入れ、沸騰させずに4〜5分静かに煮る。タラを取り出してキッチンペーパーで水気をふき取る。

④ 器に盛り、①、②を添え、オリーブオイルをかける。好みでトーストを添える。

ウインナーとサツマイモのマスタードスープ

サツマイモの甘味にウインナーの塩味。そこに、マスタードの酸味を
プラスしたら、あっという間におしゃれスープのでき上がりです。

材料(2人分)

サツマイモ ……………… 150g

ウインナー ……………… 2本

水 ……………………… 300㎖

白ワイン ……………… 大さじ1

A ┌ 粒マスタード …… 大さじ1
  │ 塩 ……………… 小さじ⅓
  │ みりん ………… 小さじ2
  └ おろしニンニク …… ¼片分

作り方

① サツマイモは皮付きのまま1.5cm角に切る。ウインナーは厚さ1cmの輪切りにする。鍋にサツマイモ、ウインナー、水、白ワインを入れて中火にかけ、煮立ったら蓋をして弱火で10分煮込む。

② お玉でサツマイモを軽く潰し、Aを加える。味見をして、塩(分量外)で味を調える。

鶏むね肉とニンジンおかかショウガ煮

この料理の主役はニンジン。
皮ごと厚切りにして、贅沢に味わいます。

材料 (2人分)

鶏むね肉 (皮なし) ・・・・・ 200g
塩 ・・・・・・・・・・・・・・・・・ 小さじ1/4
片栗粉 ・・・・・・・ 大さじ1と1/2
ニンジン ・・・・・・・・・・・ 中1本
ショウガ ・・・・・・・・・・・・・ 1片

A
- 水 ・・・・・・・・・・・・・・ 200ml
- 料理酒 ・・・・・・・・ 大さじ1
- しょうゆ ・・・・・・・ 大さじ1/2
- みりん ・・・・・・・ 大さじ1/2
- カツオ節 ・・・・・・・・・・ 2g
- 塩 ・・・・・・・・・ ひとつまみ

作り方

① 鶏肉は横半分に切り、ひと口大のそぎ切りにする。塩をふってなじませ、片栗粉をまぶす。ニンジンは皮付きのまま厚さ1cmの輪切りにする。ショウガは千切りにする。

② フライパンに①を入れ、Aを加えて中火にかける。沸騰したら全体を混ぜて蓋をし、弱めの中火で12分煮る。煮ている途中も、片栗粉が固まらないように一度サッと混ぜる。味見をして、塩 (分量外) で味を調える。

白菜とゆず胡椒の味噌汁

くたっと煮た白菜に、鼻に抜けるゆず胡椒の風味。
主菜と合わせていただくことで、その味わいがぐっと引き立ちます。

材料 (2人分)

白菜 ・・・・・・・・・・・・・・・・・ 100g
だし汁 ・・・・・・・・・・・・・・・ 300ml
味噌 ・・・・・・・・・ 大さじ1と1/2
ゆず胡椒 ・・・・・ 小さじ1/4〜1/3

作り方

① 白菜は横方向、約1cm幅の細切りにする。

② 小鍋にだし汁を入れて中火にかける。煮立ったら①を加え、弱火にして蓋をして5分煮る。火を止めて味噌、ゆず胡椒を溶き入れる。

ほったらかしで完成する和献立。
素材を生かしたシンプルな味が、
疲れた体に染み渡ります。

豚肉と豆腐のふんわり揚げ

衣も下味もいりません。材料もとてもシンプル。
大葉を使うだけで驚くほど風味豊かに仕上がります。

材料 (2人分)

豚ひき肉 ……………… 150 g
絹豆腐 ………………… 150 g
大葉 …………………… 10 枚
A ┌ 片栗粉 …… 大さじ 1 と 1/3
  │ 料理酒 … 大さじ 1 と 1/3
  └ 塩 ………… 小さじ 1/3
植物油 ………………… 適量
大根おろし …………… 適量

作り方

① 豆腐はキッチンペーパーで軽く水気をふき取る。大葉は細かく刻む。

② ポリ袋に豚ひき肉、①、Aを入れ、豆腐をもんで潰しながら混ぜる。

③ フライパンの底から 5 mm まで油を注ぎ、中火にかける。②をスプーンで丸めながらフライパンに落とし入れ、両面がカリッとするまで色よく揚げる。

④ 器に盛り、塩少々 (分量外) をふり、軽く汁気をきった大根おろしを添える。

わかめと小松菜の梅味噌汁

梅風味のお味噌汁と、大葉の香りが爽やかな揚げ物。
お互いの味わいを引き立て合う、名コンビ！

材料 (2人分)

小松菜 ……… 1/2 束 (100 g)
カットわかめ ………… 2 g
だし汁 ……………… 300 ml
梅干し (皮を破る) ……… 1 個
味噌 ……… 大さじ 1 と 1/2

作り方

① 小松菜は 4 cm 幅に切る。

② 小鍋にだし汁を入れて中火にかける。煮立ったら①、わかめ、梅干しを種ごと加え、弱火にして蓋をして 2 分煮る。梅干しを軽く潰し、火を止めて味噌を溶き入れる。

ビールを飲みたい夜には
袋ひとつでさっと作れる
揚げ物がぴったり！

外食ではなかなか味わえない、
やわらかくて落ち着く味。
ほんのひとさじ加えた新鮮さが、
自分の気持ちを上げてくれます。

豚肉と切り干し大根の蒸し煮

切り干し大根から、こんなにも旨味が出るのかと驚き！
見た目は地味ですが、山椒の風味でパッと華やぎます。

材料（2人分）

豚ロースしゃぶしゃぶ用肉
　……………………………160g
切り干し大根 ……………… 30g
A ┌ 水 …………………… 200mℓ
　│ 料理酒 ……………… 50mℓ
　└ 薄口しょうゆ ……… 大さじ1
粉山椒 …………………… 適量

作り方

① 切り干し大根はサッと洗って食べやすい長さに切り、水気を絞る。
② フライパンに豚肉、①、Aを入れて中火にかける。沸騰したら蓋をして弱めの中火で8分蒸し煮にする。途中で豚肉をほぐしながら全体を混ぜる。
③ 火を止めて粉山椒を適量（5～6ふりがおすすめ）加えてサッと混ぜる。味見をして、塩（分量外）で味を調える。

ひじきと豆乳のスープ

滋味深いひじきを味わう豆乳スープ。
ひじきってこんなにおいしかったんだ！と思ってもらえるはず。

材料（2人分）

乾燥芽ひじき ……………… 10g
だし汁 …………………… 200mℓ
A ┌ 無調整豆乳 ………… 200mℓ
　│ おろしショウガ … 小さじ2
　│ おろしニンニク … 小さじ1
　└ 塩 ………………… 小さじ½
万能ネギ ………………… 適量

作り方

① ひじきはたっぷりの水で戻して洗い、ザルに上げて水気をきる。
② 鍋にだし汁とひじきを入れて火にかけ、煮立ったら弱火にして2分ほど煮る。Aを加え、中火で軽く煮立たせる。
③ 豆乳がもろもろとしてきたら器に盛り、小口切りにした万能ネギを散らす。

鮭と春菊のてんかすポン酢がけ

ポン酢しょうゆがからんだ揚げ玉が、サクッ、じゅわり。
さっぱりおいしくて、いくらでも食べられそう。

材料 (2人分)

生鮭切り身 ………………… 2切れ
塩 …………………………… 少々
片栗粉 ……………………… 適量
春菊 ……………… 1袋 (200g)
料理酒 ……………………… 少々
ポン酢しょうゆ、ごま油、揚げ玉
………………………… 各適量

作り方

① 鮭は目立つ骨を抜き、塩をふって10分置き、キッチンペーパーで水気をふき取る。4〜5等分のそぎ切りにして、片栗粉を全体が白くなるようにまぶす。春菊は長さ4〜5cmに切る。

② 鍋かフライパンに湯を沸騰させ、春菊をサッとゆで、水にとり、水気をよく絞る。同じ湯に料理酒を加え、鮭を入れて弱火で4分ゆでてザルに上げて水気をきる。

③ 器に春菊と鮭を盛り、ポン酢しょうゆとごま油をかけ、揚げ玉を散らす。

ほうれん草と焼き海苔のお吸い物

ミネラルたっぷりな海苔を贅沢に使って風味豊かに。
これは "食べるお吸い物" です。

材料 (2人分)

ほうれん草 ………………… 1/2袋
だし汁 …………………… 300ml
焼き海苔 …………………… 1枚
塩 ………………………… 小さじ1/3
しょうゆ ………………… 小さじ1/2

作り方

① ほうれん草は根元を落として長さ4cmに切る。水を張ったボウルに5分ほど浸け、ザルに上げて水気を切る。

② 小鍋にだし汁を入れて中火にかけ、煮立ったらほうれん草と手でちぎった海苔を加える。弱火にして蓋をして2分煮る。塩、しょうゆを加えて味見をして、塩 (分量外) で味を調える。

野菜不足を感じたら、青菜が主役の一汁一菜を。

マヨネーズの香り、ふんわり卵、お味噌汁……
ちょっぴり懐かしい気持ちになる献立です。

ふわとろ豚ニラたま

順番に焼いて、ボウルに入れていくだけだから、失敗知らず。
ごはんが進むおいしさです。

材料(2人分)

卵 ……………………… 3個
水 ……………… 大さじ2
塩 ………… ひとつまみ
豚バラスライス肉
……………………… 80g
ニラ …………… ½束
マヨネーズ …… 小さじ2
植物油(米油など)
…………… 小さじ½
塩、黒コショウ
……………… 各適量

作り方

① 卵はボウルに割り入れて溶きほぐし、水と
   塩を加えてよく混ぜる。豚肉、ニラは長さ
   4〜5cmに切る。
② フライパンにマヨネーズを入れて中火にか
   け、ふつふつとしてきたら全体に広げて、
   卵を加える。菜箸で大きく手早くかき混ぜ、
   半熟になったらボウルに戻し入れる。
③ キッチンペーパーでフライパンをサッとふ
   き、油を加えて中火にかける。豚肉を入れ、
   塩少々をふって炒めたら、②のボウルに加
   える。続けてニラ、塩少々を入れてサッと
   炒めたら、②のボウルに入れる。
④ 塩少々、黒コショウを加え、スプーンで
   ざっくり混ぜ合わせる。味見をして、塩で
   味を調える。

スナップえんどうと鶏ひき肉の味噌汁

鶏ひき肉は具としてだけでなく、だしとしても大活躍。
いつものお味噌汁に飽きたら、ぜひ!

材料(2人分)

鶏モモひき肉 …… 50g
スナップえんどう … 8本
オリーブオイル
……………… 小さじ1
水 ……………… 300㎖
味噌 …… 大さじ1と½

作り方

① スナップえんどうは筋を取って1.5cm幅に
   切る。
② 小鍋にオリーブオイルを入れて中火にかけ、
   鶏ひき肉を加えてあまりさわらずに炒める。
③ 水を加えて煮立ったら、スナップえんどう
   を加える。火を弱めて蓋をして弱火で3分
   煮たら、火を止めて味噌を溶き入れる。

副菜にもなる
野菜たっぷり
炊き込みごはん

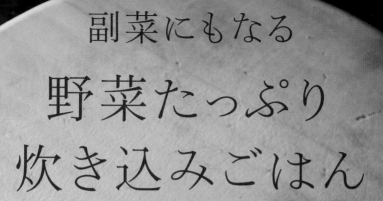

野菜をたっぷり使ったごはんは、満足感、栄養ともに抜群です。だから献立にするときは、炊き込みごはんと主菜や汁物があれば十分！具を炊き込むだけ、混ぜるだけだから、忙しい日にも助かります。

ピーマンごはん

最後に、生のピーマンをのせて蒸らすだけ。
ほろ苦い香りとシャキシャキ食感。フレッシュな気分で楽しめます。

材料（2人分）

米 ……………………… 1合
ピーマン …………… 大1個
A 　水 ……………… 180mℓ
　 料理酒 ………… 大さじ2
　 塩 ……………… 小さじ½
　 ごま油 ………… 小さじ½
黒コショウ …………… 適量

作り方

① 米は洗ってザルに上げ、30分ほど置く（炊飯器の場合は省略可）。ピーマンはヘタと種を取り除き、縦方向の細切りにする。

② 鍋に米を入れ、Aを加える。蓋をして沸騰するまで強めの中火で約5分、弱火にして約15分炊き、火を止める。

③ 炊き上がりのアツアツごはんにピーマンをのせ、蓋をして5分蒸らす。ザックリと混ぜ、黒コショウをふる。
　※炊飯器の場合は、米とAの水以外の調味料を入れ、1合の目盛りまで水を加えて炊く。

私が好きな
組み合わせ

＋

甘辛トマ牛

→ P12

しっとりとした牛肉のおかずに、ピーマンのシャキッと食感がいいアクセント。赤と緑の色合いもかわいいです。

ニンジン梅おかかごはん

米1合にニンジン½本。ふんわり蒸されたニンジンの甘味、
梅の酸味、だし代わりのおかかの旨味が絶妙なハーモニー！

材料（2人分）

米	……………………………	1合
ニンジン	……………………	½本

A
- 梅干し（皮を破る） ……… 大1個
- 水 ……………………… 200mℓ
- 薄口しょうゆ …… 小さじ1と½
- みりん ……………… 小さじ1
- カツオ節 ………………… 1g

作り方

① 米は洗ってザルに上げ、30分ほど置く（炊飯器の場合は省略
　可）。ニンジンは皮をむいて長さ4〜5cmの細切りにする。

② 鍋に米を入れ、Aを加えてニンジンをのせる。蓋をして沸
　騰するまで強めの中火で約5分、弱火にして約15分、火を
　止めて5分蒸らす。
　※炊飯器の場合は、米とAの水以外の調味料を入れ、1合
　の目盛りまで水を加え、梅干し、カツオ節、ニンジンをの
　せて炊く。

私が好きな
組み合わせ

＋
**とろとろナスと
コロコロ豚肉の煮物**
→ P18

炊き込みの梅の酸味が相性抜群。地味
な煮物にニンジンのオレンジ色を合わ
せると、食卓がパッと明るくなります。

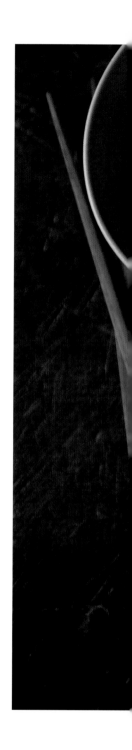

カニかまとチンゲン菜ごはん

旨味が濃いカニかまと淡泊なチンゲン菜とのバランスがちょうどいい。
余熱で火を通したチンゲン菜の軽快な食感も、楽しい一品。

材料（2人分）

米 …………………………… 1合
カニかま …………………… 50 g
チンゲン菜 ………………… 1株
A ┌ だし汁 ……………… 200mℓ
　│ （だしパックと水200mℓでもOK）
　│ 塩 …………………… 小さじ½
　│ 薄口しょうゆ（濃口でもOK）
　│ ………………………… 小さじ½
　└ みりん …………… 小さじ½
炒りごま …………………… 適量

作り方

① 米は洗ってザルに上げ、30分ほど置く（炊飯器の場合は省略可）。チンゲン菜の茎は薄く斜め切りにし、葉は粗く刻む。

② 鍋に米を入れ、Aを加えてほぐしたカニかまをのせる。蓋をして沸騰するまで強めの中火で約5分、弱火にして約15分炊き、火を止める。

③ 炊き上がりのアツアツごはんにチンゲン菜をのせ、蓋をして5分蒸らす。

④ 器に盛り、炒りごまを散らす。

※炊飯器の場合は、米とAのだし汁以外の調味料を入れ、1合の目盛りまでだし汁を加え、ほぐしたカニかまをのせて炊く。

※だしパックを使用する場合は、手順②でだしパックをのせて炊き、炊き上がったら取り出し、手順③でチンゲン菜をのせて蒸らす。

私が好きな
組み合わせ

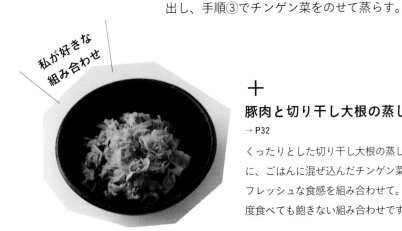

＋
豚肉と切り干し大根の蒸し煮
→ P32

くったりとした切り干し大根の蒸し煮に、ごはんに混ぜ込んだチンゲン菜のフレッシュな食感を組み合わせて。何度食べても飽きない組み合わせです。

えのき、しらす、海苔のごはん

白と黒のクールなビジュアル。だけど、食べるとほっとする。
滋味染み渡るごはんです。

材料（2人分）

米 ……………………… 1合
えのきだけ ………… ½袋
しらす ……………… 30g
焼き海苔 …………… 1枚
バター ……………… 5g
A ┌ 水 ……………… 200㎖
　├ 料理酒 ……… 大さじ1
　└ 塩 ………… 小さじ⅓
万能ネギ（好みで）…… 適量

作り方

① 米は洗ってザルに上げ、30分ほど置く（炊飯器の場合は省略可）。えのきは石づきを落として3等分に切り、ほぐす。

② 鍋に米を入れ、Aを加える。海苔をちぎり入れ、しらす、えのき、バターをのせる。蓋をして沸騰するまで強めの中火で約5分、弱火にして約15分炊き、火を止めて5分蒸らす。

③ 器に盛り、好みで小口切りにした万能ネギを散らす。
※炊飯器の場合は、米とAの水以外の調味料を入れ、1合の目盛りまで水を加える。海苔をちぎり入れ、しらす、えのき、バターをのせて炊く。

私が好きな
組み合わせ

+

**鶏むね肉とニンジンおかか
ショウガ煮**
→ P28

毎日食べたい、和を感じるやさしい味の組み合わせ。旨味のニュアンスが違うから、合わせていただくことでより奥深い味わいに。

2

ひと皿完結
軽やかな夜の麺

さくっと済ませたい日の夜ごはんには、
軽やかな麺類がちょうどいい。
すっきりしていて胃もたれしないけど、
食べ応えはちゃんとあって、
ひと皿でもしっかり満足できる……。
そんな絶妙なバランスは、自分で作るからこそ。
最高に贅沢だなと思います。

ブリとオリーブオイルのラーメン

スッキリ魚介だしのラーメンが食べたくて、ブリを使ったら大ヒット！
自分で作ったとは思えない味わいに感動です。

材料（2人分）

中華麺 ……………………………… 2玉
ブリ切り身（腹身） ……………… 2切れ
長ネギ ……………………………… 1本
ニンニク …………………………… 1片
水 …………………………………… 700㎖
料理酒 …………………………… 大さじ2
塩 ………………………… 小さじ1と¼
しょうゆ ………………………… 小さじ1
黒コショウ、オリーブオイル ‥‥ 各適量

作り方

① ブリは4等分のそぎ切りにする。長ネギは青い部分と白い部分を分け、白い部分は小口切りにする。ニンニクはみじん切りにする。

② 鍋に水、料理酒、長ネギの青い部分、ブリを入れて中火にかける。沸騰直前で弱火にして蓋をせずに10分煮る。

③ 長ネギの青い部分を取り出し、長ネギの白い部分、ニンニク、塩を加え、弱めの中火で3〜4分煮る。しょうゆを加えたら火を止める。味見をして、そのまま飲むには少し濃いと感じるくらいに塩（分量外）で味を調える。

④ 別の鍋に湯を沸かして中華麺をゆでる。ザルに上げて湯をきり、ぬるま湯でサッと洗ってヌメリをとり、器に盛る。③を注ぎ入れ、黒コショウ、オリーブオイルをかける。

memo

ブリは脂がのった腹身のほうを使うと、味が濃く、身がふっくらと仕上がります。

\ point /

弱火で静かに煮て、臭みを消しながらブリのだしをしっかり引き出します。

鶏ゴボウうどん

ゴボウの風味が広がって、体の芯から温まるシンプルなうどん。
たっぷりの千切りショウガをからめながら食べるのがおすすめ。

材料（2人分）

うどん ………………………… 2玉
ゴボウ ………………………… 120g
ごま油 ………………………… 小さじ2
塩 ……………………………… ひとつまみ
鶏モモひき肉 ………………… 150g

A{
水 ……………………………… 600㎖
しょうゆ ……… 大さじ1と1/3
みりん ………………………… 大さじ1
塩 ……………………………… 小さじ1

B{
片栗粉 ………………………… 大さじ2
水 ……………………………… 大さじ3

ショウガ、ゆず皮 ………… 各適量

作り方

① ゴボウは4つ割りにし、5㎜幅に切る。

② 深めのフライパンにごま油を入れて強めの中火にかけ、ゴボウ、塩を加え、こんがりするまで焼く。鶏ひき肉を加え、ほぐしすぎないよう、色が変わるまで炒め合わせる。

③ Aを加えて煮立たせたら、蓋をして弱めの中火で5分煮る。火を止めてフライパンの中をよく混ぜながらBの水溶き片栗粉を加える。再び中火にかけ、しっかり煮立たせたら火を止める。味見をして、そのまま飲むには少し濃いと感じるくらいに塩（分量外）で味を調える。

④ 別の鍋に湯を沸かしてうどんをゆでる。ザルに上げて湯をきり、器に盛る。③をかけ、千切りにしたショウガ、ゆず皮（または三ツ葉）をのせる。

＼ point ／

ゴボウはこんがりするまでよく炒めます。この焦げ目が風味や旨味となり、奥行きのある味に。

52

豚肉と梅昆布だし汁うどん

やさしくてふくよかな、透き通るスープが美しい。
意外にもパンチがあって、食べるとすごく元気が出ます。

材料（2人分）

うどん ……………………… 2玉
豚こま切れ肉 ……………… 160g
塩 ………………………… ひとつまみ
オリーブオイル ………… 小さじ1
梅干し（甘くないもの、塩分10％）
………………………………… 1個

A
水 ……………………… 700㎖
だし昆布 ………………… 7g
潰したニンニク ………… 1片
塩 ……………………… 小さじ1

三ツ葉 ……………………… 適量

作り方

① 豚肉は大きいものは食べやすい大きさに切り、塩をふってなじませる。

② 鍋にオリーブオイルを入れて中火にかけ、豚肉を入れて色が変わるまで炒める。皮を破った梅干し、Aを加えて中火にかける。沸騰直前で火を弱めて、蓋をせず弱火で10分煮込む。

③ 昆布を取り出し、ヘラや菜箸で梅干しを潰して全体をなじませる。味見をして、そのまま飲むには少し濃いと感じるくらいに塩（分量外）で味を調える。

④ 別の鍋に湯を沸かしてうどんをゆでる。ザルに上げて湯をきり、器に盛る。③をかけ、刻んだ三ツ葉をのせる。

memo

うどんを入れず、味つけを少し薄めに調整すれば、おかずスープにもなります。野菜の炊き込みごはんと合わせて、一汁一飯献立にするのもいいですね！

トマト、キムチ、タコの冷たいそうめん

酸っぱめのキムチで、酸味を利かせるのがポイント。
冷麺気分で、氷を溶かしながら食べてください。

材料（2人分）

そうめん	100g
ゆでダコ	140g
キムチ	80g
ミニトマト	8個
ショウガ	2片

A
水	200㎖
氷	16個（約100g）
しょうゆ	大さじ1と1/3
酢	小さじ2
塩	ひとつまみ

すりごま …………………… 適量

作り方

① タコは薄切りにする。キムチは刻む。ミニトマトは4等分にする。ショウガは千切りにする。

② タコ、キムチ、ミニトマト、Aをボウルに入れて、よく混ぜる。

③ 鍋に湯を沸かし、そうめんをゆでる。氷水で洗い、ザルに上げて水気をきる。

④ 器にそうめんを盛る。②の氷が半分くらい溶けたらそうめんにかけ、ショウガ、すりごまを散らす。塩、酢（各分量外）を添え、好みで加えながら食べる。

memo

鶏ゴボウうどん（P52）と同様に、たっぷりの千切りショウガをからめていただきます。好みで千切りキュウリを添えるのもおすすめ。

アサリの担々風そうめん

お肉を使わないからあっさりヘルシー、風味豊かな担々風あえ麺です。
豆もやしをたっぷり添えてワシワシ混ぜながらどうぞ！

材料（2人分）

そうめん …………………… 100ｇ
豆もやし …………………… 80ｇ
A ┌ アサリ水煮缶（缶汁ごと）
　│ ………………… 1個（130ｇ）
　│ 練りごま ………… 大さじ2
　│ 炒りごま ………… 小さじ2
　│ 薄口しょうゆ …… 小さじ1
　│ 酢 ……………… 小さじ½
　│ おろしニンニク … 小さじ½
　└ 塩 ……………… 小さじ¼ 弱
ラー油 …………………… 適量

作り方

① Aをボウルに入れてよく混ぜ合わせる。

② 鍋に湯を沸かし、もやしをゆでてザルに上げ、水気をきる。同じ湯でそうめんをゆで、ザルに上げる。流水で洗い、しっかりと水気をきる。

③ Aとそうめんをよくあえて、器に盛る。もやしをのせ、ラー油をかける。

memo

もやしのヒゲ根は、もし、気持ちに余裕があったら取り除いてみてください。臭みが軽減し、口当たりがよくなります。

卵とジャガイモのパスタ

玉ねぎの甘味と卵の香り。これだけでごちそう感が出る不思議なパスタ。
家に何もない日のお助けレシピです。

材料（2人分）

スパゲッティ ……………… 140 g
卵 …………………………… 2個
ジャガイモ ….. 中1個（130 g前後）
玉ねぎ ……………… 1/4個（50 g）
オリーブオイル ………… 大さじ1
塩 ………………………… 適量
スパゲッティのゆで汁
………… お玉2杯分（約100㎖）
粉チーズ、黒コショウ …… 各適量

作り方

① ジャガイモは1cmの角切りにする。玉ねぎは粗みじん切りにする。

② 鍋にたっぷりの湯を沸かし、1%の塩（分量外）を加える。スパゲッティとジャガイモを入れ、スパゲッティの表示時間より1分半短くゆでる。

③ フライパンにオリーブオイルを入れて中火にかけ、玉ねぎ、塩ひとつまみを加えて玉ねぎが透き通るまで炒める。玉ねぎを端に寄せ、空いたところに卵を割り入れる。少しそのまま置き、白身が固まってきたら黄身を崩して玉ねぎと炒め合わせる。

④ ゆで上がったスパゲッティとジャガイモ、ゆで汁、塩をひとつまみ加える。1〜2分ほど強火で煮詰めながら攪拌して乳化させる。

⑤ 器に盛り、粉チーズ、黒コショウをふる。

memo

白身が固まってから崩すと卵の香りが際立ちます。ゆで卵とも目玉焼きともスクランブルエッグとも違う、卵の風味を味わって！

ツナとピーマンのパスタ

定番のバターしょうゆ味にローリエを利かせて、ぐっと大人味に。
くたくたの蒸し煮にしたほろ苦いピーマン、くせになります。

材料（2人分）

スパゲッティ ……………… 160g
ピーマン ……………………… 2個
ニンニク ……………………… 1片
バター ………………………… 10g

A
- 料理酒 ……………… 大さじ2
- ノンオイルツナ缶（缶汁ごと）
  ……………………………… 1個
- ローリエ ……………… 1枚

スパゲッティのゆで汁
  ……………… お玉2杯分（約100ml）
しょうゆ ………… 小さじ1と½

作り方

① 鍋にたっぷりの湯を沸かし、1％の塩（分量外）を加える。スパゲッティを入れ、表示時間より1分半短くゆでる。

② ピーマンはヘタ・種ごと1cm角に切る。ニンニクはみじん切りにする。

③ フライパンを弱火にかけ、バターを入れて溶かしたら、ニンニクを加えて香りが出るまで炒める。ピーマン、Aを加え、蓋をして弱めの中火で水気がなくなるまで約4分蒸す。

④ ゆで上がったスパゲッティ、ゆで汁、しょうゆを加える。強火で煮詰めながら攪拌して乳化させる。

⑤ 器に盛る。

memo

ローリエはぜひ使ってください。蓋を開けた瞬間、立ちのぼる香りにふっと気持ちがほぐれます。

トマト生ハムパスタ

フレッシュトマトを煮詰めるだけで、驚きの本格味。
一生作り続けたい、大切なレシピです。

材料（2人分）
スパゲッティ …………… 160 g
トマト ……………………… 大2個
ニンニク ………………… 2片
オリーブオイル ……… 大さじ2
塩 ……………………… 小さじ½
生ハム …………… 10〜20 g

作り方
① 鍋にたっぷりの湯を沸かし、1％の塩（分量外）を加える。スパ
　ゲッティを入れ、表示時間通りにゆでる。トマトは適当な大き
　さのざく切りにする。ニンニクは包丁の腹で押さえて潰す。
② フライパンにオリーブオイルとニンニクを入れて弱火にかけ、
　ニンニクの香りが出るまでじっくり焼く。トマト、塩を加えて
　炒める。トマトから水分が出てきたら、ヘラなどでトマトを潰
　し、水気を飛ばしながら少しオレンジ色になるくらいに加熱す
　る。ゆで上がったスパゲッティの水気をきって加え、ソースを
　サッとからめる。
③ 器に盛り、生ハムをのせる。

memo
生ハムは手頃な切り落としで十分。シンプルなトマトソースが絶品
なので、まずはそのまま味わって、その後に生ハムと一緒に食べて
みてください。

スッキリたらこショウガパスタ

わが家でたらこパスタと言えばこれ！　乳製品は使わず、ショウガと
大葉でスッキリ。食べ疲れしないから軽く食べたい夜にぴったりです。

材料（2人分）

スパゲッティ ‥‥‥‥‥‥‥ 160g

A ┌ たらこ（皮を除く）
　｜ ‥‥‥‥‥‥ 2本（正味60g）
　｜ 植物油（太白ごま油）
　｜ ‥‥‥‥‥‥‥‥‥ 大さじ2
　└ おろしショウガ ‥‥ 小さじ2

大葉 ‥‥‥‥‥‥‥‥‥ たっぷり

すだち ‥‥‥‥‥‥‥‥‥‥ 適量

作り方

① 鍋にたっぷりの湯を沸かし、1％の塩（分量外）を加える。スパゲッティを入れ、表示時間通りにゆでる。

② 少し大きめのボウルにAを入れてよく混ぜる。ゆで上がったスパゲッティの水気をきって加える。よくあえたら、味見をして、塩（分量外）で味を調える。

③ 器に盛り、千切りにした大葉、輪切りにしたすだちをのせる。

\ point /

たらこソースの材料をボウルに入れて、パスタの
余熱でやわらかく火を通すと、パサパサさせず、つ
るんと仕上がります。

3

疲れた夜の
しみじみごはん

クタクタで、腹ペコで、
でも、何を食べたいかわからない。
そんな自分を丸ごと温かく包んでくれる、
それがいたわりごはん。
無心で食材を刻んだり、
鍋から漏れる湯気を浴びたりするうちにも、
自然と元気になってきます。

手羽白菜香味蒸し

鶏手羽の旨味を吸い込んだ白菜がごちそう！
朝、鶏手羽に下味を仕込んでおけば、帰宅後は
白菜を切りフライパンに入れて、タイマーをかけるだけ。
温かい手料理に、すぐたどり着けます。

材料（2人分）

鶏手羽中 ……………………………… 200 g
A ┌ 塩 ………………………… 2 g（肉の1％）
　├ おろしニンニク ……………… 小さじ1
　├ おろしショウガ ……………… 大さじ1
　└ 料理酒 ………………………… 大さじ1
白菜 ………………………… ¼個（300 g）
塩 …………………………………… ひとつまみ
黒コショウ、オリーブオイル（またはごま油）
……………………………………… 各適量

作り方

① 鶏手羽中をポリ袋に入れ、Aを加えて軽くもみ、10分以上置く。白菜を1cm幅に切ってフライパンに入れて、塩をふってよくなじませる。
② 白菜の上に鶏手羽中をのせ、蓋をして弱めの中火で12分蒸す。
③ 器に盛り、黒コショウ、オリーブオイル（またはごま油）をかける。

memo

さっぱり気分のときはオリーブオイル、がっつり気分のときは、ごま油をかけるのがおすすめ。

ジャガイモと豚のシチュー

牛乳も小麦粉も使わない、素朴なシチュー。
とろりと溶けたジャガイモが、疲れた体に染み渡ります。

材料（2人分）

豚ロースとんかつ用肉 ……… 200ｇ
塩 ………… 小さじ1/2（肉の1.5％）
砂糖 ……… 小さじ1（肉の1.5％）
ジャガイモ ……… 2個（約250ｇ）
A ┌ 水 ……………………… 350㎖
　│ 料理酒 ……………… 大さじ2
　└ 黒コショウ ………… たっぷり

作り方

① 豚肉は2㎝の角切りにし、塩、砂糖を粒感がなくなるまでしっかりもみ込む。ジャガイモは皮をむいて2㎝の角切りにする。

② 豚肉、ジャガイモ、Aを深めのフライパンに入れ、強めの中火にかける。煮立ったらアクを除き、蓋をして弱めの中火で20分煮る。

③ お玉などでジャガイモを潰したら、蓋をせずにときどき混ぜながら9〜10分弱火で煮る。もったりとやさしいとろみがつくまで煮詰めたら、味見をして、塩（分量外）で味を調える。

memo

少し時間はかかるけれど、手間いらずで心地よく作れます。ごはんにかけても美味。

タラとおろしレンコンの煮物

とろとろのレンコンのソースから、ベーコンの旨味とニンニクの香りが
じんわり広がって、まるでリゾットを食べているような気分。

材料（2人分）

甘塩タラ切り身 ……… 2切れ
レンコン ……………… 100ｇ
ベーコン ……………… 1枚
ニンニク ……………… 1片
植物油（米油など）…… 小さじ1
水 ……………………… 100㎖
料理酒 ………………… 50㎖
塩、黒コショウ ……… 各少々
万能ネギ ……………… 適量

作り方

① レンコンは皮をむいてすりおろす。ベーコンとニンニクはみじん切りにする。

② 深めのフライパンに油、ベーコンとニンニクを入れて弱火にかけ、炒める。香りが立ったら、水、料理酒、タラを加え、蓋をして弱めの中火で4分蒸し煮にする。

③ ①のおろしレンコンを加えて混ぜ、蓋をして弱火でさらに3分煮たら、塩で味を調える。

④ 器に盛り、小口切りにした万能ネギをのせ、黒コショウをふる。

memo

ベーコンは、できるだけ細かく刻んで旨味をしっかり引き出します。

ピーマンと豚ひき肉のケランチム

ケランチムは韓国版茶碗蒸し。手持ちの小鍋で簡単に作れます。
胃もたれせずにタンパク質をしっかり摂れるのも、うれしいところ。

材料（2人分）

卵 ………………………… 3個
ピーマン ………………… 2個
長ネギ（白い部分）……… 1本分

A
料理酒 …………… 大さじ1
しょうゆ ………… 小さじ½
塩 ………………… 小さじ½
おろしニンニク … 小さじ½

B
水 ………………… 250㎖
豚ひき肉 ………… 50g
塩 ………………… 少々

ごま油 …………………… 適量
万能ネギ ………………… 適量

作り方

① ピーマンはヘタと種を除いて粗みじん切りにする。長ネギは粗みじん切りにする。

② ボウルに卵を割り入れて溶きほぐし、①、Aを加えてよく混ぜる。

③ 鍋にBを入れてしっかりとかき混ぜる。中火にかけ、沸騰したらアクを軽く取り除き、②の卵液を一気に加えて菜箸でかき混ぜる。端が少し固まってきたら蓋をして、弱火で3〜4分、全体が固まるまで加熱する。

④ ごま油を回しかけ、小口切りにした万能ネギを散らす。好みで塩少々（分量外）をふる。

memo

旨味のある卵の生地とピーマンのフレッシュな食感が軽快。できたてのふんわりアツアツをどうぞ！

鶏むね肉とミョウガの塩バタースープ

淡いピンク色がかわいらしいスープ。
軽い塩バター味がミョウガの香りを引き立てます。
硬めのパンを浸しながらどうぞ。

材料（2人分）

鶏むね肉 ………………… 100g
塩 ………………………… 少々
片栗粉 ………… 小さじ1と1/2
ミョウガ ………………… 3個
A ┌ 水 ……………… 300ml
 │ 塩 …………… 小さじ1/3
 └ 酢 …………… 小さじ1/2
バター …………………… 5g
バゲット（好みで）………… 適量

作り方

① 鶏肉は1.5cmの角切りにし、塩をまぶしてなじませたら、片栗粉を全体にまぶす。ミョウガは縦半分に切り、5mm幅に切る。

② 小鍋にAを入れ、中火にかける。沸騰したら鶏肉を加える。蓋をして弱火で2〜3分煮たらミョウガを加える。バターを加えて火を止め、味見をして、塩（分量外）で味を調える。

③ 器に盛り、バゲットを添える。

memo

鶏むね肉は加熱しすぎるとパサつくので、片栗粉をまぶして弱火で短時間煮るのがポイント。少ない材料なので、あっという間に完成します。

小松菜、ポテト、卵のフライパン蒸しサラダ

ひとりで軽く夜ごはんを済ませたいときや、
ごはんもパンも麺もいらないとき、前の日食べすぎたときに。

材料（1人分）

小松菜 ……………… ½束（100g）
ジャガイモ …… 小1個（約100g）
ニンニク ………………… 1片
A ┌ 白ワイン ………… 大さじ2
　├ 水 ……………… 大さじ2
　├ オリーブオイル …… 大さじ1
　└ 塩 …………… 小さじ⅓
卵 …………………………… 1個
塩、コショウ ……… 各適量

作り方

① 小松菜は食べやすい長さに切る。ジャガイモは皮をむいて厚さ1cmのいちょう切りにする。ニンニクはスライスする。

② フライパンに①、Aを入れ、強めの中火にかける。ふつふつとしてきたら蓋をして弱火で15分蒸し煮にし、全体をひと混ぜして端に寄せる。

③ 卵を割り入れ、蓋をして2分蒸し、器に盛る。好みで塩、コショウをふる。

しらす豆腐スープ

しらすをだしにしたスープは旨味たっぷり。
ほどよい塩味が疲れに効きます。

材料(2人分)

木綿豆腐 ⋯⋯⋯⋯⋯⋯⋯⋯ 300 g
しらす ⋯⋯⋯⋯⋯⋯⋯⋯⋯ 30 g
ショウガ ⋯⋯⋯⋯⋯⋯⋯⋯ 1 片
ニンニク ⋯⋯⋯⋯⋯⋯⋯⋯ 1 片
ごま油 ⋯⋯⋯⋯⋯ 小さじ 1 と 1/2
水 ⋯⋯⋯⋯⋯⋯⋯⋯⋯⋯ 300㎖
塩 ⋯⋯⋯⋯⋯⋯⋯⋯ 小さじ 2/3

作り方

① ショウガ、ニンニクはみじん切りにする。
② 小鍋にごま油、しらす、ショウガ、ニンニクを入れて弱火にかける。香りがするまで炒めたら、豆腐を入れて強めの中火にし、ヘラで崩す。しっかりと混ぜながら3分ほど炒めて水気を飛ばす。
③ 水を加えて煮立たせる。蓋をせずに1分煮て、塩を加える。味見をして、塩(分量外)で味を調える。

アサリと青のりのリゾット

白ワインと青のりのミネラル感あふれる香りがふわり。
ちょっと飲みたい日にもぴったりです。

材料 (2人分)

米(洗わない) ······················ 120g
アサリ水煮缶(缶汁ごと)
··························· 1個(130g)
ニンニク ····························· 1片
湯 ······························· 400㎖
バター ······························· 10g
白ワイン ············· 大さじ1と½
青のり粉 ····················· 大さじ1
塩 ····························· 小さじ⅓
粉チーズ ························· 適量

作り方

① ニンニクはみじん切りにする。

② 鍋にバターを入れて中火にかけて溶かしたら、ニンニク、米を加え、米が透明になるまで炒める。白ワインを加えてさらに炒め、水気を飛ばす。

③ 湯200㎖とアサリ水煮缶の汁を加え、蓋をせず水気がなくなるまで煮る。残りの湯も同じように2回に分けて加え、合計15分煮る。

④ 火を止めて塩、青のり粉、アサリを加えて混ぜ、味見をして、塩少々(分量外)で味を調える。

⑤ 器に盛り、粉チーズをふる。

\ point /

生米を炒めて、バター、ニンニク、白ワインを吸わせていくと、米がふっくら香りよく仕上がります。

カボチャ豆乳粥

豆乳とだしを使うので甘すぎず、まさにちょうどいい味。
トッピングアレンジがとても楽しいので、ぜひ試してみて。

材料（2人分）

ごはん ……… 150g
カボチャ
…… 1/8 個（正味100g）
だし汁 ……… 300㎖
無調整豆乳 …… 200㎖
塩 ……… 小さじ 2/3
すりごま（黒）…… 適量

作り方

① カボチャは皮、わた、種を取り除
き、小さめにカットする。

② 小鍋にカボチャ、だし汁を入れ、
沸騰したら蓋をして弱めの中火で
5分煮る。カボチャがやわらかく
なったらお玉で軽く潰す。ごはん
を加えて混ぜ、蓋をしてさらに3
分煮る。

③ 豆乳、塩を加え、沸騰させないよ
う弱火で2〜3分煮る。

④ 器に盛り、すりごまをかける。

＼ 私の楽しみ方 ／

その日の気分でトッピングをアレンジ。ほっとす
る黒ごま、気分が華やぐクミンパウダー、元気が
出るカレー粉。ガラリと雰囲気が変わります！

刺身のオクラオイルソースがけ

夜のスーパーで、半額の刺身を見つけたらこれ。
ひと手間で野菜たっぷりの主菜の完成。おつまみにもいいですよ。

材料（2人分）

刺身（カツオのたたきがおすすめ）……… 適量
オクラ ………………………………… 1袋
A
┌ オリーブオイル …………… 小さじ2
│ 酢 ………………………… 小さじ½
│ 塩 ………………………… 小さじ¼
└ おろしニンニク ………… 小さじ¼
塩、黒コショウ（好みで）………… 各少々
オリーブオイル ………………… 適量
※刺身はブリ、鯛、サーモンなどお好みの
ものでOK。

作り方

① オクラは塩（分量外）をふって板ずりを
する。洗い流して粗みじん切りにする。

② ボウルにA、オクラを入れ、粘りが出
るまでよく混ぜる。

③ 器に刺身を盛り、塩、好みで黒コショ
ウをふり、②のソースをのせ、オリー
ブオイルをかける。

冷たい豆乳かけごはん

韓国気分の冷や汁です。ごま油を加えた塩もみキュウリを添えて、食感と香りをプラス。
コチュジャンを溶かしながらいただきます。

材料(1人分)

ごはん	150 g
キュウリ	1/2本
ごま油	小さじ1/2
塩	適量
無調整豆乳	200mℓ
ノンオイルツナ缶	1/2個
コチュジャン	小さじ1〜2
炒りごま	適量

作り方

① キュウリはスライサーで薄くスライスして塩ひとつまみをふってなじませ、5分置く。水気を絞り、ごま油を加えてあえる。

② 器にごはんを盛り、塩小さじ1/3をふって豆乳を注ぐ。汁気をきったツナ、コチュジャン、①をのせ、炒りごまをふり、よく混ぜて食べる。

column 1
夜ごはんこそ
「旨味」重視でシンプルに

夜ごはんがテーマのこの本では、疲れていても無理せず楽しく作れる、リアルなわが家の料理を紹介しています。振り返ってみると、前作の『いたわりごはん』よりも、一層シンプルなレシピが揃いました。

たとえば、一汁一菜のスープは、だし汁やスープの素を使わないものがたくさんあります。食材を鍋に入れて蒸し煮にするだけでおいしくなる料理、牛乳も小麦粉も使わないシチュー、ポリ袋に入れて下味をつけておけば、あとは加熱するだけという料理も。

食材や調味料を最小限まで削ぎ落とすことができているのは、旨味のある食材のおかげです。

肉や魚介、カツオ節や塩昆布、海苔はもちろんのこと、かまぼこ、カニかま、アミエビは力強い魚介の旨味、トマトや白菜、切り干し大根、玉ねぎなどは甘味のある旨味、ザーサイや柴漬けなどの漬け物は塩気が利いた旨味、野菜を炒めたり焼いたりした焦げ目も風味豊かな旨味になります。

そうして引き出した旨味に、少しの香味や酸味を組み合わせると、私の好きな、華やかだけど食べ疲れしない、でもしっかりとした「意思のある味」になっていくのです。

クタクタな夜も、モリモリ食べたい夜も、家ごはんはシンプルでおいしいのが一番。料理をする自分も、食べる自分も家族も、無理なく心地よく満足できるのが、私の理想です。

4

22時の
やさしいジャンク飯

夜遅く、ふつふつと湧き上がる食欲。
どうしても我慢できない……！
というときに私が食べるのは、
心と体にやさしいジャンク飯。
がっつり食べたい気持ちを満たしつつ、
食後の罪悪感は一切なし。
わがままな私のための、いいとこ取りレシピです。

ぺたんこ塩バタートースト

しめサバ薬味マヨわさびトースト

ぺたんこ塩バタートースト

潰したパンがなんとも言えない食感になって、やみつき！
もう１枚食べたくなる、危険なやつです。

材料（１人分）
食パン６枚切り ・・・・・・・・・・・・・ １枚
バター ・・・・・・・・・・・・・・・・・・・ 10ｇ
塩 ・・・・・・・・・・・・・・・・・・・・・・ 少々

作り方
① フライパンにバターを入れ、中火にかけ
　て溶かし、食パンをのせる。バターを軽
　く吸わせたら手早くひっくり返し、両面
　にしっかりバターを吸わせる。
② フライ返しでギューッと押さえる。ぺた
　んこになるまでしっかりと潰し、両面が
　キツネ色になるまで焼く。
③ 器に盛り、塩をふる。

memo
トリュフ塩でリッチに食べるのもおすすめ。
シャンパンや白ワインと合わせたくなります。
塩の代わりに砂糖をふるのも◎。

＼ point ／

子どものころ、親の目を盗んでこっそり作ってい
た秘密の料理。耳の部分もぺたんこになるまで、
こんがり焼いてくださいね。

しめサバ薬味マヨわさびトースト

前作『いたわりごはん』でも紹介した、わさびを塗った大人のトースト。
買ってきたしめサバをのせて、お酒と一緒に……。

材料（1人分）
食パン8枚切り …………… 1枚
しめサバ …………… 4〜5切れ
大葉、ミョウガ … 各好きなだけ
わさび ……………… 小さじ½
A ┌ マヨネーズ ……… 小さじ1
　└ オリーブオイル … 小さじ½

作り方
① 大葉は千切りにする。ミョウガは小口切
　りにする。Aは合わせておく。
② わさびを塗った食パンをトーストする。
　Aを塗り、しめサバ、大葉、ミョウガを
　のせる。

memo
トーストでサンドすれば、食べ応えもアップ
します。

＼ **私の楽しみ方** ／

このトーストには、焼酎の緑茶割りを合わせるの
が定番。わさび、薬味、しめサバ、お茶割り……
間違いない組み合わせです。

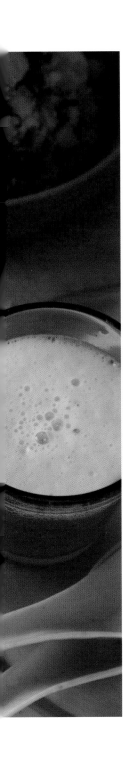

ザーサイ豆腐ナムル丼

唯一のポイントは、ザーサイを細かく刻むこと。
これだけで、一体感が出ておいしくなります。

材料（1人分）

ごはん ……………… 茶碗1杯分
木綿豆腐 ………………… 150g
ザーサイ ………………… 30g
万能ネギ ………………… 20g
A ┌ しょうゆ ………… 小さじ1
　│ ごま油 …………… 小さじ1
　└ 塩 ………………… 少々

作り方

① 万能ネギは小口切りにする。ザーサイは粗みじん切り
　にする。豆腐はキッチンペーパーで水気をふき取り、
　ざっくりと手で崩す。
② ボウルに①、Aを入れてサッとあえる。
③ 器にごはんを盛り、②をのせる。

memo

たっぷりの豆腐とザーサイで、ヘルシーだけどボリューム
満点。そして、青島ビールが飲みたくなる！

洋風サババター茶漬け

子どものころから大好きな、粉チーズ入りの洋風茶漬け。
栄養豊富なサバ缶を加えて、食べ応えもアップ。

材料（1人分）

ごはん ………………… 150 g
塩 ………………… 小さじ¼
サバ水煮缶 ……………… ½個
粉チーズ ………………… 5 g
バター ………………… 2 g
カツオ節 ………… ひとつかみ
湯 ………………… 150㎖
黒コショウ ………… たっぷり
レモン ………………… ⅛個

作り方

① 器にごはんを盛り、塩をふる。
② 汁気をきったサバ水煮と粉チーズ、バター、カツオ節をのせてアツアツの湯を注ぐ。黒コショウをふり、レモンを搾り、よく混ぜて食べる。

ピリ辛ニラポン酢納豆丼

しんなりとした生ニラがたまらなくおいしい。
激辛好きな方は、豆板醤マシマシでどうぞ。

材料(1人分)

ごはん ………………………… 茶碗1杯分

A
┌ 納豆 ………………………… 1パック
├ ニラ ………………………… ¼束
├ 豆板醤 ……………………… 小さじ¼〜
└ ポン酢しょうゆ ……… 大さじ1と½

作り方

① Aのニラは長さ1cmに刻む。

② ボウルにAを入れてよく混ぜる。

③ 器にごはんを盛り、②をかける。

かまぼこと紅ショウガのオムレツ丼

材料は和風ですが、食べるとどこかエスニック料理のような雰囲気が。
その秘密は、かまぼこから出る魚の旨味。黒酢をかけて、ご賞味あれ。

材料（1人分）

ごはん	茶碗1杯分
かまぼこ	30g
紅ショウガ	15g
卵	2個

A
水	大さじ2
しょうゆ	小さじ½
塩	少々

ごま油	小さじ1
黒酢（好みで）	適量

作り方

① かまぼこ、紅ショウガは粗みじん切りにする。

② ボウルに卵を割り入れ、かまぼこ、紅ショウガ、Aを加えてよく混ぜ合わせる。

③ フライパンにごま油を入れて中火にかけ、②を焼く。半熟になったら、折り畳んでオムレツ形にする。

④ 器にごはんを盛り、③をのせる。好みで黒酢をかける。

memo

かまぼこの代わりにちくわでもOK。細かく刻むと旨味が出ておいしく仕上がります。やさしい味なので夜食にぴったりですが、お好みでパクチーをのせても！

アボカドたらこコチュジャン納豆丼

主張が強い食材たちを納豆がまろやかにまとめてくれます。
ごはんはもちろん、お酒のアテにも！

材料（1人分）

ごはん ………………… 茶碗1杯分
アボカド ………………… ½個

A
- たらこ（皮を除く）…… 正味20g
- 納豆 ………………… 1パック
- コチュジャン ………… 小さじ1
- 酢 ……………………… 小さじ½
- おろしニンニク …… 小さじ¼
- 塩 ……………………… 少々

刻み海苔 ………………… 適量

作り方

① アボカドは皮をむき、食べやすい大きさに切る。

② ボウルに①、Aを入れてよく混ぜる。

③ 器にごはんを盛り、②をのせ、刻み海苔を散らす。

柴漬け山椒おにぎり

これを食べると、気分は京都。
風味づけのオリーブオイルと山椒の香りが相性抜群です。

材料 (小さめのおにぎり4個分)

ごはん ………………………… 200g
柴漬け ………………………… 30g
オリーブオイル ………… 小さじ1
炒りごま ……………………… 小さじ1
塩 ……………………… 小さじ¼
粉山椒 ………………………… 適量

作り方

① 柴漬けは粗く刻んでおく。
② ごはん、柴漬け、オリーブオイル、塩、粉山椒、炒りごまをボウルに入れて混ぜ、味見をして塩(分量外)と粉山椒で味を調える。4等分にして丸めたら完成。

column 2

買い物の楽しみも、料理の楽しみ

私はスーパーが大好きです。
少なくとも2日に1回は必ず行くし、午前中、近所のスーパーに行った後、午後には少し歩いて違うスーパーに行くなんていう日もあるくらい、スーパーが好き。
料理の仕事をしているからというわけではなく、「どんな料理を作ろうかな」と考えながらスーパーの中を歩き、隅から隅まで商品をチェックするのが楽しくて仕方ないのです。

食材を見ていると、季節の移ろいを感じたり、色のイメージから料理を思いついたり、新しい食材、味の組み合わせをひらめいたりします。

「カボチャのオレンジ色のおかずと、トマトの赤色のおかずが食卓に並んだら、華やかでかわいい！」
「あえての茶色い献立、渋くていいかも！」
「この前お店で食べたあの料理を作るなら、何で代用できるかな？」
「柴漬けと山椒の香りを合わせたら、京都気分が味わえるお料理になりそう……」

そんなふうに、頭の中で色合いや味、香りを想像しながら、買い物を楽しんでいます。

また、目を光らせながらスーパーを散策していると、まだあまり使ったことのない食材との出会いもあります。魚介コーナーの端にこっそりと置かれているお買い得なアミエビ。見逃しがちな揚げ玉や紅ショウガ。なんだか、お宝発見の気分です。

買い物が楽しくて料理が楽しくなるのか、料理が楽しくて買い物が楽しくなるのか……きっと、どちらも正解です。

5

休日の
のんびり夕ごはん

時間に余裕がある休日は
いつもの食材にひとひねり加えて、
少しだけ特別な料理を楽しみます。
餃子を包んだり、じっくり煮込んだり、
すいとんの生地をこねたり。
作る過程も思いっきり楽しんで！

エビと梅の豆腐水餃子

豚とセロリの豆腐水餃子

エビと梅の豆腐水餃子

わが家では、子どものころから餃子の日は白ごはんはなし。
その代わりに、好きなだけ餃子をいただきます。
この水餃子は豆腐ベースで軽いから、1人で10個はペロリ。
ビールはもちろん、白ワインも合いますよ。

材料（20個分）

餃子の皮 ………………………	大判20枚
むきエビ ………………………	150g
絹豆腐 …………………………	150g
片栗粉 …………………………	小さじ1
塩 ………………………………	小さじ1/3
梅干し（甘くないもの、塩分10%）……	1個
大葉 ……………………………	10枚
オリーブオイル、塩、黒コショウ	
………………………………	各適量

作り方

① エビは背ワタを除いて粗く叩く。豆腐はキッチンペーパーで軽く水気をふき取る。梅干しは種を除いて包丁で叩く。大葉は粗く刻む。

② ポリ袋に①、塩、片栗粉を入れ、よくもんで混ぜる。

③ 餃子の皮に②をのせ、皮の縁に水溶き片栗粉適量（分量外）をつけ、半円形にしてしっかり留める。両端を前で重ね、水溶き片栗粉で留める。

④ 鍋に湯を沸かし、③を入れる。3分半〜4分ゆで、ザルに上げて水気をきる。

⑤ 器に盛り、塩少々、オリーブオイル、黒コショウをふる。

ヒダをつけずに半円形に折り、両サイドを前でくっつけるだけ。「帽子型」と呼ばれる包み方です。

豚とセロリの豆腐水餃子

セロリの食感と香りが心地よい水餃子。
酸味と香味を利かせた
ショウガレモンしょうゆダレがよく合います。

材料（20個分）

餃子の皮 ………………… 大判20枚
豚ひき肉 ………………………… 150g
セロリの茎 ………… 1本分(100g)
絹豆腐 ………………………… 75g

A
料理酒 ……………… 大さじ1
塩 ……………………… 小さじ½
おろしニンニク ……… 小さじ¼
黒コショウ ……………… 適量

〈ショウガレモンしょうゆダレ〉
ショウガ(みじん切り) ……… 2片分
しょうゆ ………………… 大さじ2
レモン汁 ………………… 大さじ2
ごま油 …………………… 大さじ2

作り方

① ショウガレモンしょうゆダレの材料を合わせておく。豆腐はキッチンペーパーで水気をふき取る。セロリの茎は粗みじん切りにする。

② ポリ袋に豚ひき肉、豆腐、セロリ、Aを入れ、よくもんで混ぜる。

③ 餃子の皮に②をのせ、皮の縁に水溶き片栗粉適量（分量外）をつけ、ヒダをつけて半円形に包む。

④ 鍋に湯を沸かし、③を入れる。3分半〜4分ゆで、ザルに上げて水気をきる。

⑤ 器に盛り、①のタレをかけて完成。

memo

タレに使うしょうゆをナンプラーにすれば、エスニックダレに。スッキリとしておいしいタレなので、いろいろな料理に合わせてみてください。

カリカリ豚こまの北京ダック風

食卓が盛り上がること間違いなしの、なんちゃって北京ダック。
基本調味料と豚肉、春巻きの皮で、手軽に作ります。
料理の楽しさを改めて感じられる、お気に入りのメニューです。

材料（2〜3人分）

春巻きの皮（生食OKのもの）…… 適量
豚こま切れ肉 ………………… 200g
塩 …………………………… 少々
片栗粉 ……………………… 適量
植物油 …………………… 大さじ2
A ┌ 砂糖 …………………… 大さじ2
  │ しょうゆ ………………… 大さじ1
  │ 味噌 …………………… 小さじ1
  └ 酢 ……………………… 小さじ1
黒コショウ（好みで）………… 適量
アボカド …………………… 適量
キュウリ …………………… 適量
長ネギ（白い部分）…………… 適量
大葉 ………………………… 適量
味噌 ………………………… 適量

作り方

① 豚肉に塩をふり、肉を広げ、片栗粉を全体にまぶす。Aを合わせておく。春巻きの皮は2等分、アボカドは適当な大きさに、キュウリ、長ネギは細切りにして、大葉と一緒に器に盛りつけておく。

② フライパンに油を入れ、弱めの中火にかける。豚肉を並べ入れ、あまりさわらず、じっくりと揚げ焼きにする。カリカリになったら肉をフライパンの端に寄せ、キッチンペーパーで余分な油をふき取る。

③ Aを一気に加え、肉にからませながら煮詰める。

④ 器に③を盛り、好みで黒コショウをふる。春巻きの皮に具をのせて味噌を少しつけて巻きながら食べる。
　※春巻きの皮が乾燥してきたら軽く水をつけてください。

大葉や味噌で和テイスト。カリカリの豚肉と、とろけるアボカドの相性が抜群です。自由に具を巻いて楽しんで！

塩角煮

とろふわ豚肉と、旨味が染みた厚切り大根が最高！
時間はかかるけれど、待ってよかったと思える味です。

材料（作りやすい分量）

豚バラブロック肉 …… 500～600g
大根 ………………………… ¼本

A
水 ………………………… 500㎖
料理酒 …………………… 500㎖
塩 ……………………………… 5g
ショウガスライス …… 1片分
ニンニクスライス …… 2片分

すだち、万能ネギ、ゆず胡椒
……………………………… 各適量
※食塩無添加の料理酒や日本酒で作る場合は、煮汁の塩を15gにしてください。

作り方

① 豚肉は食べやすい大きさに切る。大根は皮をむいて厚さ3～4㎝に切り、十字の切り込みを入れる（薄切りにするとしょっぱくなるので注意してください）。

② 鍋に①、Aを入れる。強火にかけて沸騰させ、そのまま1分加熱してアルコールを飛ばす。アクを取り除き、全体を混ぜたら火を弱める。表面がふつふつするくらいの火加減で、蓋をせずに90分煮込む。

③ 器に盛り、輪切りにしたすだち、小口切りにした万能ネギをのせ、ゆず胡椒を添える。

memo

加塩タイプの料理酒で作ると、ごはんが進むがっつり味に、食塩無添加の日本酒で作ると、上品でふくよかな味わいに。

＼ 私の楽しみ方 ／

この雑炊を食べるために、塩角煮を作っているといっても過言ではないくらい絶品！　しょうゆ味の角煮では作れないので、ぜひ味わってください。

雑炊の作り方

塩角煮の煮汁を冷蔵庫でひと晩冷やし、固まった脂を取り除く。小鍋に入れ、水少々を加えて中火にかける。ごはんを入れて軽く煮たら、溶き卵を加え、黒コショウをふる。

基本の牛肉煮込み

スーパーで手に入れやすい、カレー用の角切り牛肉を使います。
口の中でホロリとほぐれるほどやわらかい肉、旨味たっぷりの牛だし。
どちらも最高に美味だから、アレンジが楽しみになりますよ。

基本の牛肉煮込みの作り方

材料 (作りやすい分量)

牛カレー用肉…200〜300g
長ネギ (青い部分)……1本分

① 材料を鍋に入れ、しっかり
　とかぶる量の水を加えたら、
　強めの中火にかける。

② 煮立ったら火を弱めてアク
　を取り除き、蓋をして弱火
　で90分煮込む。

保存：ゆで汁ごと冷蔵で2〜3
日 (ジッパー付きの保存袋など
に入れて冷凍保存してもOK)。

『基本の牛肉煮込み』アレンジ①

香味ごま油あえ (スユック風)

ホロホロの牛肉に、ねぎ塩ベースの香味。
ごはんのおともにも、ビールのおつまみにも！

材料 (2人分)

『基本の牛肉煮込み』の肉
　……160g (左記参照)
長ネギ (白い部分)
　………………½本分
ミョウガ ………………1個
ごま油 ……… 小さじ2
塩 ………… 小さじ⅓
粉山椒 (好みで) …… 適量

作り方

① 長ネギとミョウガは小口切りにする。

② すべての材料をボウルに入れてあえ
　る。味見をして塩で味を調え、器に
　盛り、好みで粉山椒をふる。

※作りおきしていた『基本の牛肉煮
込み』を使う場合は、ゆで汁ごと温
めてから、汁気をきってアツアツを
使ってください。

『基本の牛肉煮込み』アレンジ②

牛肉と大根の甘辛煮込み

ごはんが進むこっくり味。千切りショウガの香りでスッキリと。

材料 (2人分)

『基本の牛肉煮込み』の肉 ‥‥160g (P116参照)

大根 ‥‥‥‥‥‥‥‥‥‥‥‥‥ ¼本 (200g)

A {
『基本の牛肉煮込み』のゆで汁 ‥‥‥ 300㎖
みりん ‥‥‥‥‥‥‥‥‥‥‥ 大さじ3
しょうゆ ‥‥‥‥‥‥‥‥ 大さじ2と½
豆板醬 ‥‥‥‥‥‥‥‥‥‥‥ 小さじ⅓
塩 ‥‥‥‥‥‥‥‥‥‥‥‥ ひとつまみ
}

ショウガ (千切り) ‥‥‥‥‥‥‥‥ たっぷり

作り方

① 大根は皮をむいてひと口大の乱切りにする。

② 深めのフライパンや鍋に『基本の牛肉煮込み』、①、Aを入れ、中火にかける。沸騰したら蓋をせず弱めの中火で20分煮込み、10分以上置いて味をなじませる。

③ 器に盛り、千切りショウガをのせる。

『基本の牛肉煮込み』アレンジ③

かぶコムタン

牛だしの旨味に、牛乳と黒コショウを合わせた、お手軽スープ。

材料（2人分）

かぶ ……………… 小2個

A［
『基本の牛肉煮込み』
のゆで汁
　…… 400㎖(P116参照)
塩 ……… 小さじ2/3
みりん …… 小さじ1
おろしニンニク
　………… 小さじ1
］

春雨 ……………… 30g

牛乳 ………… 大さじ3

黒コショウ ……… 適量

作り方

① かぶは皮をむいて4等分に切る。

② 鍋にかぶ、Aを加え、中火にかける。煮立ったら蓋をして弱火で10分煮る。

③ 春雨を加え、蓋をしてさらに8分煮たら、牛乳を加えて軽く温める。味見をして、塩（分量外）で味を調える。

④ 器に盛り、黒コショウをふる。

『基本の牛肉煮込み』アレンジ④

オニオンスープ

牛だしの力で、玉ねぎを飴色にしなくても本格的な味わいに。

材料（2人分）

玉ねぎ ………… 中1個

セロリの茎 …… 1本分

オリーブオイル
　……………… 小さじ2

塩 …………… 小さじ1/4

しょうゆ …… 小さじ1/2

A［
『基本の牛肉煮込み』
のゆで汁
　…… 400㎖(P116参照)
ローリエ ……… 1枚
みりん …… 大さじ1
塩 …… 小さじ1/2
］

粉チーズ ………… 適量

作り方

① 玉ねぎは繊維を断つよう、横方向の薄切りにする。セロリは斜め薄切りにする。

② 鍋にオリーブオイルを入れて中火にかけ、①、塩を加えて炒める。玉ねぎが透き通ってきたら、水大さじ2（分量外）、しょうゆを加え、水気を飛ばしながらほんのり茶色になるまで炒める。Aを加え、煮立ったら蓋をして、弱めの中火で10分煮る。味見をして塩（分量外）で味を調える。

③ 器に盛り、粉チーズをふる。

インゲンとピーマンと手羽元のくたくた

素材の旨味×白ワイン×しょうゆで、想像以上のふくよかなおいしさに。
ハード系のパンにも、ごはんにも合います。

材料 (作りやすい分量)

鶏手羽元 ………………………… 5本
塩 ……………………………… 小さじ¼
インゲン ………………………… 80g
ピーマン ………………………… 5個
ミニトマト ……………………… 5個
ショウガ ………………………… 2片
A ┌ オリーブオイル ……… 大さじ2
　│ 白ワイン …………… 大さじ2
　└ しょうゆ …………… 大さじ2

作り方

① 鶏手羽元に塩をすり込む。

② インゲンは斜め半分、長いものは3等分に切る。ピーマンはヘタと種を除き、縦方向の細切りにする。ミニトマトは半分に切る。ショウガは千切りにする。

③ 鍋に②、Aを加え、煮立ったら蓋をして弱めの中火で5分蒸し煮にする。ヘラなどでミニトマトを潰してサッと混ぜたら、手羽元を加え、ときどき全体を混ぜながら弱火で20分蒸し煮にする。

＼ **私の楽しみ方** ／

肉を骨から外し、野菜と一緒に食べると絶品。クミンを加えて異国感を出すのもおすすめです。

ジャガイモすいとんの
ナンプラーバターあえ

もっちもちの食感は、もはやパスタ！　無心でこねる作業が楽しくて、
ストレス発散にもなりますよ。味つけは自由にアレンジして OK です。

材料（2人分）

ジャガイモ（男爵）
　……………… 1個（正味100 g）
薄力粉 ……………… 100 g
（すりおろしたジャガイモと同量）
塩 ……………………… 少々

A
- ナンプラー ……… 大さじ1
- バター …… 大さじ1（12 g）
- おろしニンニク
　…………………… 小さじ1/4

リコッタチーズ、万能ネギ、レ
モン、黒コショウ …… 各適量

作り方

① ジャガイモは皮をむいてすりおろす。薄力粉、
　塩を加えたら、よく混ぜ合わせて、つるんと
　ひとまとまりになるまでこねる（まとまりづら
　い場合は、水を小さじ1程度ずつ加えてこねる）。
② ひと口大にちぎり、薄く、平べったく形を整
　える。
③ 別のボウルにAを入れておく。
④ 鍋に湯を沸かし、②を入れて3～4分ゆでる。
　ザルに上げて軽く水気をきり、③のボウルに
　加えて手早くあえる。味見をして、塩で味を
　調える。
⑤ 器に盛り、リコッタチーズをのせ、小口切り
　にした万能ネギを散らし、黒コショウをふり、
　レモンを搾る。

生地がひとまとまりになり、手にくっ
つかなくなるまでよくこねる。

弾力があるので、なるべく薄く、平ら
にするのがポイント。

パセリキヌアサラダ

一時期、毎日食べていたお気に入りのサラダ。
たっぷりのパセリがいい香りで、食べると体がスッキリ！

材料（作りやすい分量）

炊いたキヌア ………………… 150g
キュウリ ……………………… 1本
ミニトマト …………………… 5個
鶏むね肉 ……………………… 150g
パセリ ……………… 8本分（50g）
レモン汁 ……………………… 大さじ2
オリーブオイル ……………… 大さじ2
塩 ……………………………… 小さじ⅔
黒コショウ …………………… 適量

作り方

① 鶏肉は耐熱容器に入れ、料理酒大さじ2
（分量外）をふりかけたら、ふんわりラッ
プをし、電子レンジ600Wで3分加熱す
る。裏返してさらに2分半加熱する。粗
熱をとったら1cm角に切る。キュウリ、
ミニトマトは5mmの角切りに、パセリは
粗く刻む。

② ①とキヌア、レモン汁、オリーブオイル、
塩、黒コショウをボウルに合わせ、よく
混ぜ合わせる。味見をして塩（分量外）で
味を調える。

キヌアの炊き方

〈基本の割合〉
キヌア：水＝1：2
（水の量はキヌアの倍量が基本）

① キヌアはサッと洗って水気をきり（水洗い不要タ
イプもあり）、鍋に入れて水を加える。

② 蓋をして強めの中火にかける。煮立ったら弱火
で15分加熱する。途中で水気がなくなったら、
水を大さじ1ずつ足す。
※まとめて炊いて、小分けにして冷凍保存して
おくと楽です。

おわりに

私はいつも「料理の作り方」の話ばかりしています。
どうすれば皆さんにとって、毎日の助けになる料理が作れるのか、日々の楽しみになる料理が作れるのか。それを考えてレシピを作成し、お伝えするのが私の仕事だからです。

でも最近、自分を助けるためにも日々を楽しくするためにも、料理を作るのと同じくらい、「食べ方」が大事なんじゃないかと思うようになりました。

家庭料理はとにかく考えることがたくさんあります。予算、時間、栄養、体調、自分が食べたいもの、家族が食べたいもの……。さらに、買い出しや調理にも、手間と時間、労力がかかります。なのに一瞬で食べ終わってしまい、驚くほど儚い。しかも、頑張ったからといって、誰かに褒めてもらえるとも限りません。

このあっけなさからくる虚無感が、毎日の料理がしんどくなってしまう理由のひとつなのではないかと思います。

だからぜひ、自分の作った料理を「おいしい!! 最高!!」と自画自賛しながら食べてみてください。それが私の思う、自分を助け、日々を楽しくする「食べ方」です。

自分や誰かのために料理をした過程そのものが尊いのですから、「ああ、自分ってやさしくて素晴らしい人間！」と褒めてあげてください。買ってきたものであっても同じ。「このお惣菜のチョイス、センス最高！」と、とにかく自分を褒めてほしい。そんな気持ちが、自分自身を助け、癒やし、明日への活力を与えてくれるのではないかと思います。

皆さんの夜ごはんが、おいしく、楽しく、幸せが満ちあふれる時間になりますように。

長谷川あかり （はせがわ　あかり）

料理家、管理栄養士。埼玉県生まれ。10歳から20歳まで子役・タレントとして活動、NHK『天才てれびくん』はじめ、さまざまな番組に出演する。大学で栄養学を学んだ後、SNSで始めたレシピ投稿が注目を集め、瞬く間に大反響となり人気アカウントに。雑誌やWEBなどで幅広くレシピ開発を行う。著書に『クタクタな心と体をおいしく満たす いたわりごはん』(KADOKAWA)、『つくりたくなる日々レシピ』(扶桑社)、『材料２つとすこしの調味料で一生モノのシンプルレシピ』(飛鳥新社) がある。

X：@akari_hasegawa
Instagram：@akari_hasegawa0105

いたわりごはん２
今夜も食べたいおつかれさまレシピ帖

2024年3月1日　初版発行

著者　　長谷川あかり
発行者　山下直久
発行　　株式会社KADOKAWA
　　　　〒102-8177　東京都千代田区富士見2-13-3
　　　　電話　0570-002-301(ナビダイヤル)
印刷所　TOPPAN株式会社
製本所　TOPPAN株式会社

●お問い合わせ
https://www.kadokawa.co.jp/ (「お問い合わせ」へお進みください)
※内容によっては、お答えできない場合があります。
※サポートは日本国内のみとさせていただきます。
※Japanese text only

定価はカバーに表示してあります。